www.QuoraChinese.com

ESSENTIAL GUIDE TO CHINESE HISTORY

PART 8

SECOND EDITION (LARGE PRINT)

THREE KINGDOMS

三国

学习简单的中国历史文化

QING QING JIANG

PREFACE

Welcome to the Chinese History series, a series dedicated to helping Mandarin Chinese learners improve Chinese reading skills. In this series, we will discover China's 5,000-year-old history. Each of the book will focus on one important ruling Chinese dynasty. The books contain numerous lessons in Mandarin Chinese. We start with a ruling dynasty specific preface (前言), a brief introduction to the dynasty or related themes, and continue to dig the important aspects of the ruling era, such as politics, economy, etc. in the form or chapters. Each book contains 5 to 10 chapters. For the readers' convenience, a comprehensive list of vocabulary has been provided at the beginning of each chapter. The pinyin for the Chinese text is provided after the main text. Further, to enforce deeper learning, the English interpretation of the Chinese text has been purposely excluded for the books. This would help the readers think deeply about the contents the way native Chinese think. In order to help the Chinese learner remember important characters, words, long words, idioms, etc., these entities have been purposely repeated throughout the book, and across the books in the series. Taken together, the books in Chinese History series will tremendously help readers improve their Chinese reading skills.

If you have any questions, suggestions, and feedbacks, feel free to let me know in the review or comments.

You can find more about China and Chinese culture on my amazon homepage.

I blog at:

www.QuoraChinese.com

-Qing Qing 江清清

©2023 Qing Qing Jiang

All rights reserved.

ESSENTIAL GUIDE TO CHINESE HISTORY

ACKNOWLEDGMENTS

I am a blogger. It has been a long and interesting journey since I started blogging quite a few years ago.

The blogging passion enabled me to write useful contents. In particular, I have been writing about China, and its culture.

My passion in writing was supported by my friends, colleagues, and most importantly, the almighty.

I thank everyone for constantly inspiring me in my life endeavours.

CONTENTS

PREFACE 2
ACKNOWLEDGMENTS 4
CONTENTS 5
INTRODUCTION TO THE HISTORY OF THREE KINGDOMS (三国历史简介) 8
PEACH GARDEN OATH (桃园三结义) 11
THREE HEROES FIGHTING LU BU (三杰败吕布) 17
SKILLFUL ART OF WAR (巧施连环计) 23
RELY ON THE GOD TO RULE THE WORLD (挟天子令诸侯) 30
EVALUATE WITH SIMPLE TALK (煮酒论英雄) 34
RIDING ALONE FOR THOUSANDS OF MILES (千里走单骑) 40

前言

三国是中国历史上的一个朝代，位于汉朝之后，晋朝之前。三国指的是魏国，蜀国，吴国三国鼎立。三国是中国历史文化中非常典型的一个朝代，涌现出了非常多的名人轶事。有弘毅宽厚，以德服人，知人待事，百折不挠的刘备；有忠肝义胆，勇猛威武的张飞；有骁勇善战，忠君爱国，挥舞着大刀的关羽；有机智敏捷，雄才大略的曹操……这些人或良善，或英勇，或权谋过人，正是由于他们的存在，使得中国的历史鲜活灿烂。也正是有这些鲜活的历史人物才有了一些流传百世的英雄事迹。让我们通过三国来了解中国灿烂的历史文化吧！

Sānguó shì zhōngguó lìshǐ shàng de yīgè cháodài, wèiyú hàn zhāo zhīhòu, jìn zhāo zhīqián. Sānguó zhǐ de shì wèi guó, shǔ guó, wú guó sānguó dǐnglì. Sānguó shì zhōngguó lìshǐ wénhuà zhōng fēicháng diǎnxíng de yīgè cháodài, yǒngxiàn chūle fēicháng duō de míngrén yì shì. Yǒu hóngyì kuānhòu, yǐ dé fú rén, zhīrén dài shì, bǎizhébùnáo de liúbèi; yǒu zhōng gān yì dǎn, yǒngměng wēiwǔ de zhāng fēi; yǒu xiāoyǒng shànzhàn, zhōngjūn àiguó, huīwǔzhe dàdāo de guānyǔ; yǒu jīzhì mǐnjié, xióngcáidàlüè de cáocāo……zhèxiē rén huò liáng shàn, huò yīngyǒng, huò quánmóuguò rén, zhèng shì yóuyú tāmen de cúnzài, shǐdé zhōngguó de lìshǐ xiān huó cànlàn. Yě zhèng shì yǒu zhèxiē xiān huó de lìshǐ rénwù cái yǒule yīxiē liúchuán bǎishì de yīngxióng shìjì. Ràng wǒmen tōngguò sānguó lái liǎojiě zhōngguó cànlàn de lìshǐ wénhuà ba!

INTRODUCTION TO THE HISTORY OF THREE KINGDOMS (三国历史简介)

The Three Kingdoms (三国) refers to a historical period (220 AD-280 AD) after the Han Dynasty (汉朝, 202 BC-220 AD) and before the unification of the Three Kingdoms in 280 AD by the Jin Dynasty (晋朝, 266-420) in Chinese history.

During the Three Kingdoms period, three main regimes emerged successively: Cao Wei (曹魏, 220-266) , Shu Han (蜀汉, 221-263), and Eastern Wu (东吴/吴国/孙吴, 229-280).

As the power of the Han Dynasty (202 BC-220 AD) was declining, several warlords emerged on the political landscape of ancient China. In 190, the centralized system of the Han Dynasty had effectively collapsed. Seeing the political opportunities, the warlords vied for hegemony, and the whole political atmosphere plunged into chaos.

In 208, during the Battle of Chibi (赤壁之战), a large-scale battle between Cao Cao (曹操, 155-220) and Sun Quan-Liu Bei's coalition (孙刘联盟) in the late Eastern Han Dynasty, Cao Cao was defeated by Sun and Liu's allied forces. This battle laid the foundation for the subsequent confrontation of the Three Kingdoms.

In 220, Cao Pi (曹丕, 187-226), the son of Cao Cao and the prime minister of the Han Dynasty, forced Emperor Xian of the Han Dynasty (汉献帝, 181-234) to abdicate the throne. Cao Pi became the founding emperor of Cao Wei (曹魏), reigning from 220 to 226. He set the capital in Luoyang. In Chinese history, **Cao Wei** is also known as the **Wei State**

(魏国), **Qian Wei** (前魏), and also as the Wei State of the Three-Kingdoms Period. Cao Wei was the most powerful state among the Three Kingdoms.

In 221, Liu Bei (刘备, 161-223) founded the Shu Han (蜀汉, 221-263) and proclaimed himself emperor, and made Chengdu his capital. He reigned from 221-223.

In 229, Sun Quan (孙权, 182-252) founded the Wu State (吴) with its the capital at Jianye (建邺, located in the central part of modern Nanjing City), and proclaimed himself the emperor. Sun Quan reigned from 229-252

In the later period of Cao Wei, the real power was gradually controlled by Sima Yi (司马懿, 179-251), a military strategist, and powerful minister.

In 263, Sima Zhao (司马昭, 211-265) of Cao Wei, the second son of Sima Yi, launched the battle against Shu (魏灭蜀之战, August-November 263 AD), and defeated Shu. When Sima Zhao died in 265, his son Sima Yan (司马炎, 236-290) seized the regime of Cao Wei.

In 266, Sima Yan, the eldest son of Sima Zhao, and a powerful minister of the State of Wei, forced Emperor Yuan of Wei (魏元帝) to abdicate the throne. Sima Yan changed the country's name to the Jin State (晋朝, 266-420), also known as the Western Jin Dynasty (西晋).

In 280, Jin (晋) defeated Wu, unified the whole territory by completing the unification. This ended the situation of separatism and melee since the end of the Han Dynasty. Finally, the three states were part of Jin (three families returned to Jin, 三家归晋) and the romance of the Three Kingdoms ended.

The return of the two kingdoms to Jin can be understood by two battles and one event, beginning in 263 AD, and ending in 280 AD:

1. In 263 AD, Wei defeated the state of Shu.
2. In 266 AD, Sima Yan usurped Wei and changed the country's name to Jin.
3. In March 280 AD, Jin defeated Wu.

The Three Kingdoms era was magnificent and full of vitality. Scholars, since the Three Kingdoms period, have different opinions regarding the exact length of the Three Kingdoms era, which can be interpreted into narrow and broad senses.

In a narrow sense, in 220, Cao Pi forced Emperor Xian of the Eastern Han Dynasty to abdicate and established the state of Cao Wei. Hence, the Three Kingdoms period was between 220 to 280.a

In a broad sense, the foundation of the Three Kingdoms was laid out decades earlier. This was due to the beginning of the Yellow Turban Rebellion (黄巾之乱) in 184. The rebellion was essentially a peasant uprising in the last years of the Eastern Han Dynasty. Since this rebellion, the Eastern Han Dynasty had begun to lose its political power, which gradually laid the foundation of the Three Kingdoms.

Historians pay more attention to the formation and process of the Three Kingdoms confrontation.

Therefore, the period from 184 to 220 is often included in the Three Kingdoms period.

PEACH GARDEN OATH (桃园三结义)

1	一句话	Yījù huà	In a word; in short
2	那就是	Nà jiùshì	That is; That is to say; Someone
3	三国时期	Sānguó shíqí	Three kingdoms period; Three.; Three Kingdoms
4	一群人	Yīqún rén	Company; crowd of people; group of people
5	老百姓	Lǎobǎixìng	Common people
6	有一些	Yǒu yīxiē	Some; rather
7	站出来	Zhàn chūlái	Step forward; step forward bravely; come out boldly
8	打退	Dǎ tuì	Beat back; beat off; repulse
9	关羽	Guānyǔ	Guan Yu, a general allied with Liu Bei, deified as God of War
10	张飞	Zhāng fēi	Zhang Fei (Chang Fei), general of the Kingdom of Shu (蜀国), one of the Three Kingdoms, known for his bravery
11	有一天	Yǒu yītiān	One day; some day
12	一个人	Yīgè rén	One
13	张榜	Zhāngbǎng	Put up a notice; post a notice
14	议论纷纷	Yìlùn fēnfēn	There were many discussions; be widely discussed by
15	太守	Tàishǒu	Prefecture chief in feudal China
16	榜文	Bǎng wén	The writing in a public notice; notice; proclamation; statement
17	各种各样	Gè zhǒng gè yàng	All kinds of; different; several; various
18	一起来	Yīqǐlái	Come together; come along; Together

19	草鞋	Cǎoxié	Straw sandals
20	宗室	Zōngshì	Member of the royal clan; imperial clan
21	不由得	Bùyóudé	Can't help; cannot but
22	深深地	Shēn shēn de	Deeply; profoundly; dearly
23	大丈夫	Dàzhàngfū	True man; real man; man
24	在这里	Zài zhèlǐ	Here; Here it is; over here
25	回头看	Huítóu kàn	Look back; look round
26	络腮胡	Luòsāi hú	Whiskers; beard; sideburns
27	英雄气概	Yīngxióng qìgài	Sublime heroism; heroic spirit
28	恨不得	Hènbudé	Very anxious to
29	有一点	Yǒu yī diǎn	(Have) a little; somewhat; rather
30	一起去	Yī qǐ qù	Come along; go along with; go together
31	威风凛凛	Wēifēng lǐnlǐn	Majestic-looking; awe-inspiring; awful air; in a great state
32	红脸	Hóngliǎn	Blush
33	店小二	Diànxiǎo'èr	Waiter
34	喝完	Hē wán	Drink to the last drop
35	志同道合	Zhìtóng dàohé	Cherish the same ideals and follow the same path; be in the same camp; have a common goal; have similar ideals and beliefs
36	自己的	Zìjǐ de	Self
37	老朋友	Lǎo péngyǒu	Old friend; crony; old egg; old sod
38	他们的	Tāmen de	Their; theirs
39	招兵	Zhāobīng	Recruit soldiers; raise troops
40	结拜	Jiébài	Become sworn brothers or sisters
41	第二天	Dì èr tiān	The next day; Day Two; The Second Day

42	香烛	Xiāngzhú	Joss sticks and candles
43	结为兄弟	Jié wéi xiōngdì	Become sworn brothers
44	从今以后	Cóng jīn yǐhòu	From now on; from this day on

Chinese (中文)

　　中国古代的王朝更替，可以用一句话来概括，那就是分久必合，合久必分。三国时期，就如这句话所描述的一样，当年统一了 400 多年的大汉王朝慢慢的，开始分裂了，从而使整个国家都是乱糟糟的。就是在这种动荡的环境中，很多乱贼在到处搞破坏，其中最嚣张的一群人就是头上包着黄色头巾的。由于他们干了太多的坏事，所以老百姓们把他们叫做黄巾贼。这些时候就有一些爱国爱民的英雄站出来，想要打退这些乱贼。在这些英雄中，关羽，刘备，张飞尤为著名。

　　有一天在一个人来人往，非常热闹的大街上，很多百姓都围在一张榜前，议论纷纷。原来是黄巾贼，一路打到了幽州，迫使幽州的太守刘焉慌忙的贴出了榜文，希望在民间能够招募各种各样的能人异士，一起来对抗黄巾贼。就在这个时候，有一个人挤到了榜前，他肩膀上挑着草鞋，他非常认真的看起了榜文。这个人的长相在一众人中显得非常的特别，他长着一对长长的耳朵，他的耳垂长到几乎垂到了肩膀上，这个人就是刘备。刘备，他是汉朝一个皇家宗室的后人，但是他们的家境逐渐败落，等到到刘备这一代的时候，已经穷困潦倒了。

　　刘备看了榜文，不由得深深地叹了一口气，就在这个时候，站在他后面的那个人忽然大声的说道，你一个男子汉大丈夫，不为国家出一份力，倒是站在这里叹什么气！刘备回头看，原来是一个黑脸大汉，满脸都长着络腮胡，说话的声音非常的粗，又非常的亮，就像打雷一样。刘备看着他很有英雄气概，问他叫什么名字。他回答说，自己叫张飞，字翼德。张飞又问刘备为什么叹气。刘备先介绍一下自己，说自己叫刘备，字玄德，刘备说道黄金贼实在是太可恶了，她恨不得立马把他们打倒在地，但是他自己一个人力量不够啊！

张飞听刘备这么说，顿时来了兴趣。说自己家里有一点财产，愿意用这些钱财来招募一些人马。刘备听了非常的开心，就请张飞一起去酒馆里吃饭。酒馆里，他们忽然看见一位威风凛凛的红脸大汉走了进来。他一进门就喊店小二快点去给他斟酒，他喝完酒得赶紧进城去参军。刘备一听，觉得大家志同道合，就连忙过去跟她一起吃饭，这个人就是关羽，字云长。刘备将自己的计划告诉了关羽，关羽一听也觉得很开心，就准备跟着刘备，张飞一起去对付乱贼。

之后他们三个人一起去了张飞家里吃喝，就像老朋友聚会一样开心，边吃边聊着他们的招兵计划。张飞说自己家的后园子里还有一片桃林，现在花开的可好了，她提议明天一起去桃林结拜成兄弟，其他两个人也连声说好。第二天，三个人就在桃林里板上的祭品，插好了香烛供恭，敬敬地拜了拜，郑重的发誓，我刘备，关羽，张飞在此结为兄弟，从今以后，我们同心协力帮助百姓报效国家，我们不求同年同月同日生，但求同年同月同日死。他们按照年龄排序，刘备当大哥，关羽是二哥，张飞是三弟。从此以后，他们就是有难同当，有福共享的三兄弟了。

Pinyin (拼音)

Zhōngguó gǔdài de wángcháo gēngtì, kěyǐ yòng yījù huà lái gàikuò, nà jiùshì fēnjiǔbìhé, hé jiǔ bì fēn. Sānguó shíqí, jiù rú zhè jù huà suǒ miáoshù de yīyàng, dāngnián tǒngyīliǎo 400 duōnián de dàhàn wángcháo màn man de, kāishǐ fēnlièle, cóng'ér shǐ zhěnggè guójiā dōu shì luànzāozāo de. Jiùshì zài zhè zhǒng dòngdàng de huánjìng zhōng, hěnduō luàn zéi zài dàochù gǎo pòhuài, qízhōng zuì xiāozhāng de yīqún rén jiùshì tóu shàng bāozhe huángsè tóujīn de. Yóuyú tāmen gànle tài duō de huàishì, suǒyǐ lǎobǎixìngmen bǎ tāmen jiàozuò huángjīn zéi. Zhèxiē shíhòu jiù yǒuyīxiē àiguó àimín de yīngxióng zhàn chūlái, xiǎng yào dǎ tuì zhèxiē luàn zéi. Zài zhèxiē yīngxióng zhōng, guānyǔ, liúbèi, zhāng fēi yóuwéi zhùmíng.

Yǒu yītiān zài yīgèrén lái rén wǎng, fēicháng rènào de dàjiē shàng, hěnduō bǎixìng dōu wéi zài yī zhāngbǎng qián, yìlùn fēnfēn. Yuánlái shì huángjīn zéi, yīlù dǎ dàole yōu zhōu, pòshǐ yōu zhōu de tàishǒu liú yān huāngmáng de tiē chūle bǎng wén, xīwàng zài mínjiān nénggòu zhāomù gè zhǒng gè yàng de néng rén yì shì, yīqǐlái duìkàng huángjīn zéi. Jiù zài zhège shíhòu, yǒu yīgèrén jǐ dàole bǎng qián, tā jiānbǎng shàng tiāozhe cǎoxié, tā fēicháng rènzhēn de kàn qǐle bǎng wén. Zhège rén de cháng xiāng zài yī zhòngrén zhōng xiǎndé fēicháng de tèbié, tā zhǎngzhe yī duì zhǎng zhǎng de ěrduǒ, tā de ěrchuí zhǎng dào jīhū chuí dàole jiānbǎng shàng, zhège rén jiùshì liúbèi. Liúbèi, tā shì hàn zhāo yīgè huángjiā zōngshì de hòu rén, dànshì tāmen de jiājìng zhújiàn bàiluò, děngdào dào liúbèi zhè yīdài de shíhòu, yǐjīng qióngkùn lǎodǎole.

Liúbèi kànle bǎng wén, bùyóudé shēn shēn de tànle yī kǒuqì, jiù zài zhège shíhòu, zhàn zài tā hòumiàn dì nàgèrén hūrán dàshēng de shuōdao, nǐ yīgè nánzǐhàn dàzhàngfū, bù wéi guójiā chū yī fèn lì, dǎoshì zhàn zài zhèlǐ tàn shénme qì! Liúbèi huítóu kàn, yuánlái shì yīgè hēi liǎn dàhàn, mǎn liǎn dōu zhǎngzhe luòsāi hú, shuōhuà de shēngyīn fēicháng de cū, yòu fēicháng de liàng, jiù xiàng dǎléi yīyàng. Liúbèi kànzhe tā hěn yǒu yīngxióng qìgài, wèn tā jiào shénme míngzì. Tā huídá shuō, zìjǐ jiào zhāng fēi, zì yì dé. Zhāng fēi yòu wèn liúbèi wèishéme tànqì. Liúbèi xiān jièshào yīxià zìjǐ, shuō zìjǐ jiào liúbèi, zì xuán dé, liúbèi shuōdao huángjīn zéi shízài shì tài kěwùle, tā hènbudé lìmǎ bǎ tāmen dǎdǎo zài dì, dànshì tā zìjǐ yī gèrén lìliàng bùgòu a!

Zhāng fēi tīng liúbèi zhème shuō, dùnshí láile xìngqù. Shuō zìjǐ jiā li yǒu yīdiǎn cáichǎn, yuànyì yòng zhèxiē qiáncái lái zhāomù yīxiē rénmǎ. Liúbèi tīngle fēicháng de kāixīn, jiù qǐng zhāng fēi yīqǐ qù jiǔguǎn lǐ chīfàn. Jiǔguǎn lǐ, tāmen hūrán kànjiàn yī wèi wēifēng lǐnlǐn de hóngliǎn dàhàn zǒule jìnlái. Tā yī jìnmén jiù hǎn diànxiǎo'ér kuài diǎn qù gěi tā zhēn jiǔ, tā hē wán jiǔ dé gǎnjǐn jìn chéng qù cānjūn. Liúbèi yī tīng, juédé dàjiā zhìtóngdàohé, jiù liánmáng guòqù gēn tā yīqǐ chīfàn, zhège rén jiùshì guānyǔ, zì yún zhǎng. Liúbèi jiāng zìjǐ de jìhuà gàosùle guānyǔ, guānyǔ yī tīng yě juédé hěn kāixīn, jiù zhǔnbèi gēnzhe liúbèi, zhāng fēi yīqǐ qù duìfù luàn zéi.

Zhīhòu tāmen sān gè rén yīqǐ qùle zhāng fēi jiālǐ chīhē, jiù xiàng lǎo péngyǒu jùhuì yīyàng kāixīn, biān chī biān liáozhe tāmen de zhāobīng jìhuà. Zhāng fēi shuō zìjǐ jiā de hòu yuánzi lǐ hái yǒu yīpiàn táo lín, xiànzài huā kāi de kě hǎole, tā tíyì míngtiān yī qǐ qù táo lín jiébài chéng xiōngdì, qítā liǎng gè rén yě liánshēng shuō hǎo. Dì èr tiān, sān gè rén jiù zài táo lín lǐ bǎn shàng de jì pǐn, chā hǎole xiāngzhú gōng gōng, jìng jìng de bàile bài, zhèngzhòng de fǎ shì, wǒ liúbèi, guānyǔ, zhāng fēi zài cǐ jié wéi xiōngdì, cóng jīn yǐhòu, wǒmen tóngxīn xiélì bāngzhù bǎixìng bàoxiào guójiā, wǒmen bù qiú tóngnián tóngyuè tóngrì shēng, dàn qiú tóngnián tóngyuè tóngrì sǐ. Tāmen ànzhào niánlíng páixù, liúbèi dāng dàgē, guānyǔ shì èr gē, zhāng fēi shì sān dì. Cóngcǐ yǐhòu, tāmen jiùshì yǒu nán tóng dāng, yǒufú gòngxiǎng de sān xiōngdìle.

THREE HEROES FIGHTING LU BU (三杰败吕布)

1	结拜	Jiébài	Become sworn brothers or sisters
2	紧接着	Jǐn jiēzhe	Immediately/right after
3	浩浩荡荡	Hào hàodàng dàng	Go forward with great strength and vigor
4	非常高	Fēicháng gāo	Very high; Extremely high; Very tall
5	丞相	Chéng xiàng	Prime minister
6	金银财宝	Jīn yín cáibǎo	Gold, silver and precious things; money and treasure
7	曹操	Cáocāo	One of the most celebrated figures in the Three Kingdoms period
8	依靠自己	Yīkào zìjǐ	Depend on Yourself; self-reliance; by oneself
9	英雄豪杰	Yīngxióng háojié	Outstanding figures; heroes
10	自己的	Zìjǐ de	Self
11	投奔	Tóubèn	Go to for shelter
12	盟主	Méngzhǔ	The leader of an alliance
13	举兵	Jǔ bīng	Raise an army to fight
14	一起去	Yīqǐ qù	Come along; go along with; go together
15	讨伐	Tǎofá	Send armed forces to suppress; send a punitive expedition against
16	行军	Xíngjūn	March
17	意思是	Yìsi shì	Mean; to the effect that
18	勇猛	Yǒngměng	Bold and powerful; full of

			velour and vigor
19	大将	Dàjiàng	Senior general
20	还没有	Hái méiyǒu	Not yet; no, not yet
21	击退	Jí tuì	Beat back; repel; repulse
22	得意	Déyì	Proud of oneself; pleased with oneself; complacent
23	走狗	Zǒugǒu	Running dog; lackey; flunkey; stooge
24	冲出	Chōng chū	Rush out
25	交手	Jiāoshǒu	Fight hand to hand; be engaged in a hand-to-hand fight; come to grips
26	招架不住	Zhāo jiàbùzhù	Be unable to resist; cannot sustain the blows; cannot ward off blows; find it difficult to cope with
27	连忙	Liánmáng	Promptly; immediately; instantly; in a hurry
28	大眼睛	Dà yǎnjīng	Big eyes; ox-eyed
29	长矛	Cháng máo	Lance; long spear
30	站住	Zhànzhù	Stop; halt
31	调转	Diàozhuǎn	Turn
32	马头	Mǎ tóu	Neck
33	战况	Zhàn kuàng	Situation on the battlefield; the progress of a battle
34	大汗	Dà hàn	Profuse sweating; excessive perspiration
35	支持不住	Zhīchí bù zhù	Can't stand (the pressure, difficulty, etc.) any longer; unable to hold out any longer
36	不妙	Bù miào	Not going well; far from good; not too encouraging; anything

			but reassuring
37	大盗	Dàdào	Major thief
38	皎洁	Jiǎojié	Bright and clear
39	一下子	Yīxià zi	One time; in a short while
40	长剑	Zhǎng jiàn	Long sword
41	团团围住	Tuántuán wéi zhù	Cluster round; surround
42	跑回	Pǎo huí	Run back
43	就这样	Jiù zhèyàng	That's it; that's all; in this way

Chinese (中文)

在上周三兄弟结拜之后呢就去收拾了，黄金贼，紧接着就跟随着一支浩浩荡荡的军队去攻打董卓了。董卓是当时地位非常高的丞相，但是他为人暴虐无常，经常欺负百姓，抢夺百姓的金银财宝，对于反对她的官员会残忍的把他们杀掉。其实百姓们早就想杀掉他，但是因为他军队又多，权利又大，没有办法，就在这个时候，曹操站了出来。曹操非常聪明，他知道，依靠自己个人的力量，无法战胜董卓，所以就跟各地的大臣说，希望大家一起联手对付董卓，所以，各地的英雄豪杰大臣们带着自己的军队纷纷来投靠曹操。

当时几乎所有的英雄豪杰都来投奔了曹操，他们一起选出了一个叫袁绍的人当做盟主长的一个联盟。他们举兵一起去讨伐袁绍，就在行军的路中，董卓的干儿子吕布挡住了军队的前锋。当时人们常说，人中吕布，马中赤兔，意思是说，人中最厉害的就是吕布马中最厉害的就是赤兔，而赤兔就是吕布的坐骑，所以说吕布非常的勇猛，曹操方的军队派出了几名厉害的大将，但是还没有怎么进攻就已经被击退了。吕布非常得意的嘲笑他们是一群没用的家伙。联盟军队里的人被吓得不敢说话了，就在这个时候，有一位将军认为，这个吕布是董卓的走狗坏事做，尽想教训一下他，就冲出了阵营，但是就跟吕布交手了几下，就已经招架不住了，就骑着自己的马想逃走，但是吕布并不打算放过她，连忙跟了上来。

眼看就要追上将军了，就在这个时候，张飞瞪着自己两个大眼睛，提着长矛就冲了出来，哇呀呀的大叫着让吕布站住，吕布很惊讶竟然还有人来挑战他。于是，吕布立马调转马头，向张飞冲了过去。张飞乒乒乓乓的跟吕布决斗者战况非常的激烈，过了很久之后，张飞已经头冒大汗，眼看快支持不住了，可是吕布依然非常的勇猛，没有丝毫疲惫累的样子。远处的关羽见形势不妙，立马骑马冲了出去，关羽会动的，自己打大盗向吕布劈了过去，但是吕布非常的皎洁，一下子就躲了过去。他们三人又大战了好久，依然分不出胜负，突然刘备也抽出两把长剑冲了过来，他们三人将吕布团团围住，吕布眼看着自己陷于危险之中，找了个时机就冲了出去，跑回了大本营。

就这样，刘备，关羽，张飞三个好兄弟一起战胜了吕布，这件事情很快就传遍了整个联盟军。

Pinyin (拼音)

Zài shàng zhōusān xiōngdì jiébài zhīhòu ne jiù qù shōushíle, huángjīn zéi, jǐn jiēzhe jiù gēnsuízhe yī zhī hào hàodàng dàng de jūnduì qù gōngdǎ dǒngzhuōle. Dǒngzhuō shì dāngshí dìwèi fēicháng gāo de chéngxiàng, dànshì tā wéirén bàonüè wúcháng, jīngcháng qīfù bǎixìng, qiǎngduó bǎixìng de jīn yín cáibǎo, duìyú fǎnduì tā de guānyuán huì cánrěn de bǎ tāmen shā diào. Qíshí bǎixìngmen zǎo jiù xiǎng shā diào tā, dànshì yīnwèi tā jūnduì yòu duō, quánlì yòu dà, méiyǒu bànfǎ, jiù zài zhège shíhòu, cáocāo zhànle chūlái. Cáocāo fēicháng cōngmíng, tā zhīdào, yīkào zìjǐ gèrén de lìliàng, wúfǎ zhànshèng dǒngzhuō, suǒyǐ jiù gēn gèdì de dàchén shuō, xīwàng dàjiā yì qǐ liánshǒu duìfù dǒngzhuō, suǒyǐ, gèdì de yīngxióng háojié dàchénmen dàizhe zìjǐ de jūnduì fēnfēn lái tóukào cáocāo.

Dāngshíjīhū suǒyǒu de yīngxióng háojié dōu lái tóubènle cáocāo, tāmen yīqǐ xuǎn chūle yīgè jiào yuánshào de rén dàngzuò méngzhǔ zhǎng de yīgè liánméng. Tāmen jǔ bīng yīqǐ qù tǎofá yuánshào, jiù zài háng jūn de lù zhōng, dǒngzhuō de gān er zi lǔbù dǎngzhùle jūnduì de qiánfēng. Dāngshí rénmen cháng shuō, rén zhōng lǔbù, mǎ zhōng chì tù, yìsi shì shuō, rén zhōng zuì lìhài de jiùshì lǔbù mǎ zhōng zuì lìhài de jiùshì chì tù, ér chì tù jiùshì lǔbù de zuòjì, suǒyǐ shuō lǔbù fēicháng de yǒngměng, cáocāo fāng de jūnduì pàichūle jǐ míng lìhài de dàjiàng, dànshì hái méiyǒu zěnme jìngōng jiù yǐjīng bèi jí tuìle. Lǔbù fēicháng déyì de cháoxiào tāmen shì yīqún méi yòng de jiāhuo. Liánméng jūnduì lǐ de rén bèi xià dé bù gǎn shuōhuàle, jiù zài zhège shíhòu, yǒuyī wèi jiāngjūn rènwéi, zhège lǔbù shì dǒngzhuō de zǒugǒu huàishì zuò, jǐn xiǎng jiàoxùn yīxià tā, jiù chōng chūle zhènyíng, dànshì jiù gēn lǔbù jiāoshǒule jǐ xià, jiù yǐjīng zhāo jiàbùzhùle, jiù qízhe zìjǐ de mǎ xiǎng táozǒu, dànshì lǔbù bìng bù dǎsuàn fàngguò tā, liánmáng gēnle shànglái.

Yǎnkàn jiù yào zhuī shàng jiàng jūn le, jiù zài zhège shíhòu, zhāng fēi dèngzhe zìjǐ liǎng gè dà yǎnjīng, tízhe cháng máo jiù chōngle chūlái, wa ya ya de dà jiàozhe ràng lǔbù zhànzhù, lǔbù hěn jīngyà jìngrán hái yǒurén lái tiǎozhàn tā. Yúshì, lǔbù lìmǎ diàozhuǎn mǎ tóu, xiàng zhāngfēichōngle guòqù. Zhāng fēi pīng pīngpāng pāng de gēn lǔbù juédòu zhě zhànkuàng fēicháng de jīliè, guòle hěnjiǔ zhīhòu, zhāng fēi yǐjīng tóu mào dà hàn, yǎnkàn kuài zhīchí bù zhùle, kěshì lǔbù yīrán fēicháng de yǒngměng, méiyǒu sīháo píbèi lèi de yàngzi. Yuǎn chǔ de guānyǔ jiàn xíngshì bù miào, lìmǎ qímǎ chōngle chūqù, guānyǔ huī dòng de, zìjǐ dǎ dàdāo xiàng lǔbù pīle guòqù, dànshì lǔbù fēicháng de jiǎojié, yīxià zi jiù duǒle guòqù. Tāmen sān rén yòu dàzhànle hǎojiǔ, yīrán fēn bù chū shèng fù, túrán liúbèi yě chōuchū liǎng bǎ zhǎng jiàn chōngle guòlái, tāmen sān rén jiāng lǚbù tuántuán wéi zhù, lǚbù yǎnkànzhe zìjǐ xiànyú wéixiǎn zhī zhōng, zhǎole gè shí jī jiù chōngle chūqù, pǎo huíle dàběnyíng.

Jiù zhèyàng, liúbèi, guānyǔ, zhāngfēisān gè hǎo xiōngdì yīqǐ zhànshèngle lǚbù, zhè jiàn shìqíng hěn kuài jiù chuán biànle zhěnggè liánméng jūn.

SKILLFUL ART OF WAR (巧施连环计)

1	阴谋诡计	Yīnmóu guǐjì	Schemes and intrigues; conspiracies and plots; intrigues and conspiracy; intrigue and Machiavellian tricks
2	皇位	Huángwèi	Throne
3	国家大事	Guójiā dàshì	National/state affairs; affairs of state
4	做主	Zuòzhǔ	Decide; take the responsibility for a decision; back up; support
5	小皇帝	Xiǎo huángdì	Infant emperor; spoiled child
6	长安	Cháng'ān	Capital of China in the Han/Tang dynasties
7	金银财宝	Jīn yín cáibǎo	Gold, silver and precious things; money and treasure
8	大坏蛋	Dà huàidàn	A black villain; villain
9	民不聊生	Mínbù liáoshēng	The people are destitute; live on the edge of starvation
10	想办法	Xiǎng bànfǎ	Think of a way; try to find a solution
11	有一天	Yǒu yītiān	One day; some day
12	叹气	Tànqì	Sigh; heave a sigh
13	干女儿	Gàn nǚ'ér	A nominal foster daughter
14	琴棋书画	Qín qí shūhuà	Fancies of men of letters (lute-playing, chess, calligraphy and painting); accomplishments of a scholar of the old school
15	样样	Yàng yàng	Every kind; each and every; all
16	发愁	Fāchóu	Worry; be anxious; become sad; sullen
17	她自己	Tā zìjǐ	Herself; by herself; on her own; Her own
18	自己的	Zìjǐ de	Self

19	灵光	Língguāng	Miraculous brightness
20	第二天	Dì èr tiān	The next day; Day Two; The Second Day
21	非常多	Fēicháng duō	A great many; a lot; quite some
22	非常高兴	Fēicháng gāoxìng	Filled with joy
23	特地	Tèdì	For a special purpose; specially; go out of one's way
24	道谢	Dàoxiè	Express one's thanks; thank
25	留下来	Liú xiàlái	Remain; stay behind; leave behind; entail
26	立马	Lìmǎ	Pull up a horse
27	迷住	Mí zhù	Charm; fascinate; bewitch; entrance
28	好日子	Hǎo rìzi	Auspicious day
29	恋恋不舍	Liànliàn bùshě	Have a great attachment for something and unable to part from it; a strong attachment
30	果不其然	Guǒbù qírán	Indeed; as expected; not unexpectedly
31	看上	Kàn shàng	Like; take a fancy to; settle on
32	怒气冲冲	Nùqì chōngchōng	Be ablaze with anger; as cross as a bear; be swollen with anger; huff and puff
33	不知道	Bù zhīdào	A stranger to; have no idea; I don't know; No
34	改天	Gǎitiān	Another day; some other day
35	成亲	Chéngqīn	Get married
36	非常生气	Fēicháng shēngqì	Be all on end
37	诡计	Guǐjì	Crafty plot; cunning scheme; trick; ruse
38	抢走	Qiǎng zǒu	Loot; rap

39	第二天	Dì èr tiān	The next day; Day Two; The Second Day
40	很伤心	Hěn shāngxīn	Be hard hit; so sad; Sad
41	心疼	Xīnténg	Love dearly
42	不在家	Bù zàijiā	Be out; not be in; stay away; stay out; not at home
43	偷偷	Tōutōu	Stealthily; secretly; covertly; on the sly
44	可怜巴巴	Kělián bābā	Extremely pitiful
45	连忙	Liánmáng	Promptly; immediately; instantly; in a hurry
46	刚好	Gānghǎo	Just; exactly
47	回到家	Huí dàojiā	Get home; go back home; get in
48	浑身发抖	Húnshēn fādǒu	Tremble from head to foot; be all of a tremble
49	吓了一跳	Xiàle yī tiào	Be taken aback; be scared
50	趁机	Chènjī	Take advantage of the occasion; seize the chance
51	颠倒是非	Diāndǎo shìfēi	Confuse truth and falsehood; confound right and wrong; distort truth; give a false account of the true facts
52	哭诉	Kūsù	Complain tearfully
53	赏花	Shǎng huā	Enjoy flowers
54	咬牙切齿	Yǎoyá qièchǐ	Gnash the teeth in anger; bite one's lips and gnaw one's teeth; clench one's teeth in bitter hatred; gnash one's teeth in hatred
55	火上浇油	Huǒ shàng jiāo yóu	Pour oil on the fire/flames
56	圣旨	Shèngzhǐ	Imperial edict
57	让位	Ràng wèi	Resign sovereign authority; abdicate

| 58 | 乐呵呵 | Lè hēhē | Buoyant; happy and gay |

Chinese (中文)

上一章我们写到，董卓在自己干儿子吕布的帮助下做尽了坏事，这次他又想到了一个阴谋诡计，他将九岁的汉献帝推上了皇位。一个小孩子哪里懂得怎么管理国家大事，自然都是由董卓做主，于是董卓就逼着小皇帝将国家的首都迁到了长安，他又在皇宫的附近给自己修了一座超级豪华的宫殿。董卓用他的这个宫殿来储藏自己掠夺来的金银财宝，所以整个国家都被董卓这个大坏蛋弄得乱七八糟，民不聊生。

有一个叫王允的大臣，他知道董卓坏事干尽，一直都在想办法除掉他，但是他始终想不到办法有一天晚上她愁的睡不着觉，走到花园里却发现一个女孩子在花园里叹气。这个女孩子就是著名的貂蝉，她是王允的干女儿。貂蝉不仅相貌优越，并且琴棋书画样样精通。王允询问貂蝉为什么叹气，貂蝉说是因为父亲天天为国事发愁，她自己却帮不上任何忙。貂蝉非常感激王允对自己的抚养和栽培之恩，王允这时候灵光乍现，突然想出了对抗董卓的办法。

第二天，王允就给吕布送去了非常多的礼物，吕布非常高兴，特地前来道谢。王允让吕布留下来吃饭，还特意叫来了貂蝉跳舞。吕布见了貂蝉，立马被她迷住了，王允看出了他的心思，立马要将貂蝉嫁给他，并且跟吕布约好选个好日子就结婚，吕布非常的开心，恋恋不舍的离开。过了几天，王允趁吕布不在，也请了董卓到家里吃饭，又让貂蝉来献舞。果不其然，董卓也立马看上了貂蝉，请求王允让貂蝉嫁给他，王允也假装高兴的答应了。于是就把貂蝉送到了董卓家里，吕布听说气坏了。吕布怒气冲冲的去找王允，王允却假装什么都不知道，不是你让董卓大人将貂蝉接走的吗？他还说改天就让你们成亲呢。吕布一听非常生气，认为这就是董卓的诡计，他就是想抢走他的貂蝉。

第二天，吕布找了个借口来董卓家里看貂蝉，貂蝉假装哭的很伤心，吕布既心疼又伤心，更恨董卓了。后来，吕布又趁董卓不在家里，偷偷见貂蝉，貂蝉扑进吕布的怀里，故意可怜巴巴的说，将军，我认定了你是大英雄，还以为你会救我出去呢，可是为什么连你都怕董卓呀？吕布连忙向貂蝉承诺一定要救她出去，说自己不怕董卓，正在这个时候，董卓刚好回到家里，看见吕布正抱着貂蝉，董卓气的浑身发抖。董卓只起武器就要打吕布，吕布吓了一跳连忙逃跑了。貂蝉趁机在董卓面前颠倒是非，哭诉着说自己站在花园赏花，吕布过来就一把抱住她，董卓一听，气得咬牙切齿。吕布跑到了王允家里，王允一直火上浇油，让吕布和董卓之间的怨恨越积越深。于是就约好和吕布一起对付董卓，离了一道假圣旨，说是要将汉献帝的王位让给董卓，并且要举行让位仪式，董卓接过圣旨乐呵呵的赶了过去。其实是他们早就设好的埋伏，董卓的干儿子吕布亲手结束了董卓。

Pinyin (拼音)

Shàng yī zhāng wǒmen xiě dào, dǒngzhuō zài zìjǐ gān er zi lǚbù de bāngzhù xià zuò jǐnle huàishì, zhè cì tā yòu xiǎngdàole yīgè yīnmóu guǐjì, tā jiāng jiǔ suì de hàn xiàndì tuī shàngle huángwèi. Yīgè xiǎo háizi nǎlǐ dǒngdé zěnme guǎnlǐ guójiā dàshì, zìrán dōu shì yóu dǒngzhuō zuòzhǔ, yúshì dǒngzhuō jiù bīzhe xiǎo huángdì jiāng guójiā de shǒudū qiān dàole cháng'ān, tā yòu zài huánggōng de fùjìn jǐ zìjǐ xiūle yīzuò chāojí háohuá de gōngdiàn. Dǒngzhuō yòng tā de zhège gōngdiàn lái chúcáng zìjǐ lüèduó lái de jīn yín cáibǎo, suǒyǐ zhěnggè guójiā dōu bèi dǒngzhuō zhège dà huàidàn nòng dé luànqībāzāo, mínbùliáoshēng.

Yǒu yīgè jiào wáng yǔn de dàchén, tā zhīdào dǒngzhuō huàishì gān jǐn, yīzhí dōu zài xiǎng bànfǎ chú diào tā, dànshì tā shǐzhōng xiǎngbùdào bànfǎ yǒu yītiān wǎnshàng tā chóu de shuì bùzháo jué, zǒu dào huāyuán lǐ què fāxiàn yīgè nǚ háizi zài huāyuán lǐ tànqì. Zhège nǚ háizi jiùshì zhùmíng de diāochán, tā shì wáng yǔn de gàn nǚ'ér. Diāochán bùjǐn xiàngmào yōuyuè, bìngqiě qín qí shūhuà yàng yàng jīngtōng. Wáng yǔn xúnwèn diāochán wèishéme tànqì, diāochán shuō shì yīnwèi fùqīn tiāntiān wèi guóshì fāchóu, tā zìjǐ què bāng bù shàng rènhé máng. Diāochán fēicháng gǎnjī wáng yǔn duì zìjǐ de fǔyǎng hé zāipéi zhī ēn, wáng yǔn zhè shíhòu língguāng zhà xiàn, túrán xiǎng chūle duìkàng dǒngzhuō de bànfǎ.

Dì èr tiān, wáng yǔn jiù gěi lǚbù sòng qùle fēicháng duō de lǐwù, lǚbù fēicháng gāoxìng, tèdì qián lái dàoxiè. Wángyǔnràng lǚbù liú xiàlái chīfàn, hái tèyì jiào láile diāochán tiàowǔ. Lǚbù jiànle diāochán, lìmǎ bèi tā mí zhùle, wáng yǔn kàn chūle tā de xīnsī, lìmǎ yào jiāng diāochán jià gěi tā, bìngqiě gēn lǚbù yuē hǎo xuǎn gè hǎo rìzi jiù jiéhūn, lǚbù fēicháng de kāixīn, liànliànbùshě de líkāi. Guòle jǐ tiān, wáng yǔn chèn lǚbù bùzài, yě qǐngle dǒngzhuō dào jiālǐ chīfàn, yòu ràng diāochán lái xiàn wǔ. Guǒbùqírán, dǒngzhuō yě lìmǎ kàn shàngle diāochán, qǐngqiú wángyǔnràng diāochán jià gěi tā, wáng yǔn yě jiǎzhuāng gāoxìng de dāyìngle. Yúshì jiù bǎ diāochán sòng dàole dǒngzhuō jiālǐ, lǚbù tīng shuō qì huàile. Lǚbù nùqì chōngchōng de qù zhǎo wáng yǔn, wáng yǔn què jiǎzhuāng shénme dōu bù zhīdào, bùshì nǐ ràng dǒngzhuō dàrén jiāng diāochán jiē zǒu de ma? Tā hái shuō gǎitiān jiù ràng nǐmen chéngqīn ne. Lǚbù yī tīng fēicháng shēngqì, rènwéi zhè jiùshì dǒngzhuō de guǐjì, tā jiùshì xiǎng qiǎng zǒu tā de diāochán.

Dì èr tiān, lǚbù zhǎole gè jièkǒu lái dǒngzhuō jiālǐ kàn diāochán, diāochán jiǎzhuāng kū de hěn shāngxīn, lǚbù jì xīnténg yòu shāngxīn, gèng hèn dǒngzhuōle. Hòulái, lǚbù yòu chèn dǒngzhuō bùzài jiālǐ, tōutōu jiàn diāochán, diāochán pū jìn lǚbù de huái lǐ, gùyì kěliánbābā de shuō, jiāngjūn, wǒ rèndìngle nǐ shì dà yīngxióng, hái yǐwéi nǐ huì jiù wǒ chūqù ne, kěshì wèishéme lián nǐ dōu pà dǒngzhuō ya? Lǚbù liánmáng xiàng diāochán chéngnuò yīdìng yào jiù tā chūqù, shuō zìjǐ bùpà dǒngzhuō, zhèngzài zhège shíhòu, dǒngzhuō gānghǎo huí dào jiālǐ, kànjiàn lǚbù zhèng bàozhe diāochán, dǒngzhuō qì de húnshēn fādǒu. Dǒngzhuō zhǐ qǐ wǔqì jiù yào dǎ lǚbù, lǚbù xiàle yī tiào liánmáng táopǎole. Diāochán chènjī zài dǒngzhuō miànqián diāndǎo shìfēi, kūsùzhe shuō zìjǐ zhàn zài huāyuán shǎng huā, lǚbù guòlái jiù yī bǎ bào zhù tā, dǒngzhuō yī tīng, qì dé yǎoyáqièchǐ. Lǚbù pǎo dàole wáng yǔn jiālǐ, wáng yǔn yīzhí huǒ shàng jiāo yóu, ràng lǚbù hé dǒngzhuō zhī jiān de yuànhèn yuè jī yuè shēn. Yúshì jiù yuē hǎo hé lǚbù yīqǐ duìfù dǒngzhuō, líle yīdào jiǎ shèngzhǐ, shuō shì yào jiāng hàn xiàndì de wángwèi ràng gěi dǒngzhuō, bìngqiě yào jǔxíng ràng wèi yíshì, dǒngzhuō jiēguò shèngzhǐ lè hēhē de gǎnle guòqù. Qíshí shì tāmen zǎo jiù shè hǎo de máifú, dǒngzhuō de gān er zi lǚbù qīnshǒu jiéshùle dǒngzhuō.

RELY ON THE GOD TO RULE THE WORLD (挟天子令诸侯)

1	除掉	Chú diào	Get rid of
2	山中	Shānzhōng	In the mountains
3	霸王	Bàwáng	Ba Wang; Xiang Yu, the Conqueror
4	立马	Lìmǎ	Pull up a horse
5	捉住	Zhuō zhù	Get somebody by the neck
6	余力	Yúlì	Strength or energy to spare
7	从此以后	Cóngcǐ yǐhòu	From this moment on, henceforth
8	抢走	Qiǎng zǒu	Loot; rap
9	皇上	Huáng shàng	His majesty
10	越来越强大	Yuè lái yuè qiángdà	From strength to strength; become stronger and stronger
11	一个人	Yīgè rén	One
12	渐渐地	Jiànjiàn de	Gradually; little by little; bit by bit; by degrees
13	越来越多	Yuè lái yuè duō	More and more; increasingly; a growing number of
14	谋士	Móushì	Adviser; counsellor
15	他们的	Tāmen de	Their; theirs
16	自己的	Zìjǐ de	Self
17	圣旨	Shèngzhǐ	Imperial edict
18	召见	Zhàojiàn	Call in
19	曹操	Cáocāo	One of the most celebrated figures in the Three Kingdoms period
20	非常好	Fēicháng hǎo	Very good; excellent; very well
21	追兵	Zhuī bīng	Pursuing troops
22	危急关头	Wéijí guāntóu	Be at a critical juncture

23	击退	Jí tuì	Beat back; repel; repulse
24	没想到	Méi xiǎngdào	Have not expected or thought of
25	其他人	Qítā rén	Others; other; the others
26	越来越强大	Yuè lái yuè qiángdà	From strength to strength; become stronger and stronger; go from strength to strength
27	自己的	Zìjǐ de	Self
28	一个人	Yīgè rén	One
29	许昌	Xǔchāng	Xuchang (hsuchang)
30	小皇帝	Xiǎo huángdì	Infant emperor; spoiled child
31	没有人	Méiyǒu rén	Nobody; never a one
32	从此以后	Cóngcǐ yǐhòu	From this moment on, henceforth
33	发布命令	Fābù mìnglìng	Decree; issue a command; issue a mobilization order; issue orders
34	挟天子以令诸侯	Xié tiānzǐ yǐ lìng zhūhóu	Have a firm hold over the emperor to oppress the vassals; control the emperor and command the nobles

Chinese (中文)

上章说到董卓被吕布的干儿子除掉了，全国百姓都非常开心。但是百姓的苦日子却没有结束，因为董卓有两位手下分别叫李傕和郭汜，山中无老虎，猴子称霸王，他们立马占领了国都长安，还把汉献帝捉住了，汉献帝年纪小，根本没有反抗的余力。从此以后，他们两个人就抢走了皇上的权利，不仅指挥着，朝朝中的大臣，还到处欺负百姓。

但与此同时，曹操的实力也越来越强大。曹操有着非常大的雄心抱负，他知道自己一个人没有办法实现，所以就不断的招揽有才华的人来帮助自己。渐渐地，曹操的手下也越来越多，既有聪明的谋士，也有勇猛的将军，在他们的帮助下，成功占领了山东。曹操本来是准备继续扩大自己的领地，可就在这个时候，汉献帝悄悄拟了圣旨给曹操，想要在洛阳城召见他。原来是汉献帝趁着李傕和郭巳两个人打架，悄悄带着大臣逃到了洛阳城。

曹操跟自己的谋士商量对策，认为只要这个时候他站在皇帝的一边，保护皇帝和大臣就会得到百姓们的爱戴，这是一个非常好的机会。而皇上这边追兵已经赶了过来，正在危急关头，曹操的士兵也赶到了，击退了敌军。皇帝非常开心，升了曹操做大臣。但是年幼单纯的皇帝怎么也没想到，曹操的野心远不止于此，他比其他人更加的恐怖。然后曹操在朝廷上的势力越来越强大，曹操觉得都城洛阳，距离自己的地盘实在是太远了，就一个人决定将都城迁到许昌，小皇帝想反对，但是没有人能站在他这边，大家都惧怕曹操，所以只好同意了这个决定。

从此以后，朝中所有的事情都要经过曹操才能告诉皇帝，曹操也常常假装皇帝的命令去，向各地个地方的大臣发布命令。这就是挟天子以令诸侯。

Pinyin (拼音)

Shàng zhāng shuō dào dǒngzhuō bèi lǔbù de gān er zi chú diàole, quánguó bǎixìng dōu fēicháng kāixīn. Dànshì bǎixìng de kǔ rìzi què méiyǒu jiéshù, yīnwèi dǒng zhuó yǒu liǎng wèi shǒuxià fēnbié jiào lǐ jué hé guō sì, shānzhōng wú lǎohǔ, hóuzi chēng bàwáng, tāmen lìmǎ zhànlǐngle guódū cháng'ān, hái bǎ hàn xiàndì zhuō zhùle, hàn xiàndì niánjì xiǎo, gēnběn méiyǒu fǎnkàng de yúlì. Cóngcǐ yǐhòu, tāmen liǎng gèrén jiù qiǎng zǒule huángshàng de quánlì, bùjǐn zhǐhuīzhe, zhāo zhāo zhōng de dàchén, hái dàochù qīfù bǎixìng.

Dàn yǔ cǐ tóngshí, cáocāo de shílì yě yuè lái yuè qiángdà. Cáocāo yǒuzhe fēicháng dà de xióngxīn bàofù, tā zhīdào zìjǐ yīgèrén méiyǒu bànfǎ shíxiàn, suǒyǐ jiù bùduàn de zhāolǎn yǒu cáihuá de rén lái bāngzhù zìjǐ. Jiànjiàn de, cáocāo de shǒuxià yě yuè lái yuè duō, jì yǒu cōngmíng de móushì, yěyǒu yǒngměng de jiāngjūn, zài tāmen de bāngzhù xià, chénggōng zhànlǐngle shāndōng. Cáocāo běnlái shì zhǔnbèi jìxù kuòdà zìjǐ de lǐngdì, kě jiù zài zhège shíhòu, hàn xiàndì qiāoqiāo nǐle shèngzhǐ gěi cáocāo, xiǎng yào zài luòyáng chéng zhàojiàn tā. Yuánlái shì hàn xiàndì chènzhe lǐ jué hé guō sì liǎng gè rén dǎjià, qiāoqiāo dàizhe dàchén táo dàole luòyáng chéng.

Cáocāo gēn zìjǐ de móushì shāngliáng duìcè, rènwéi zhǐyào zhège shíhòu tā zhàn zài huángdì de yībiān, bǎohù huángdì hé dàchén jiù huì dédào bǎixìngmen de àidài, zhè shì yīgè fēicháng hǎo de jīhuì. Ér huángshàng zhè biān zhuī bīng yǐjīng gǎnle guòlái, zhèngzài wéijí guāntóu, cáocāo dí shìbīng yě gǎn dàole, jí tuìle dí jūn. Huángdì fēicháng kāixīn, shēngle cáocāo zuò dàchén. Dànshì nián yòu dānchún de huángdì zěnme yě méi xiǎngdào, cáocāo de yěxīn yuǎn bùzhǐ yú cǐ, tā bǐ qítā rén gèngjiā de kǒngbù. Ránhòu cáocāo zài cháotíng shàng de shìlì yuè lái yuè qiángdà, cáocāo juédé dūchéng luòyáng, jùlí zìjǐ dì dìpán shízài shì tài yuǎnle, jiù yīgè rén juédìng jiāng dūchéng qiān dào xǔchāng, xiǎo huángdì xiǎng fǎnduì, dànshì méiyǒu rén néng zhàn zài tā zhè biān, dàjiā dōu jùpà cáocāo, suǒyǐ zhǐhǎo tóngyìle zhège juédìng.

Cóngcǐ yǐhòu, cháo zhōng suǒyǒu de shìqíng dōu yào jīngguò cáocāo cáinéng gàosù huángdì, cáocāo yě chángcháng jiǎzhuāng huángdì de mìnglìng qù, xiàng gèdì gè dìfāng de dàchén fābù mìnglìng. Zhè jiùshì xié tiānzǐ yǐ lìng zhūhóu.

EVALUATE WITH SIMPLE TALK (煮酒论英雄)

1	发布命令	Fābù mìnglìng	Decree; issue a command; issue a mobilization order; issue orders
2	自己的	Zìjǐ de	Self
3	许昌	Xǔchāng	Xuchang (hsuchang)
4	犒劳	Kàoláo	Reward with food and drink; give food and drink for meritorious service
5	很高兴	Hěn gāoxìng	Delighted; very happy; With pleasure
6	小皇帝	Xiǎo huángdì	Infant emperor; spoiled child
7	弓箭	Gōngjiàn	Bow and arrow
8	跪拜	Guìbài	Worship on bended knees; kowtow
9	明摆着	Míng bǎizhe	Obvious; clear; plain
10	非常生气	Fēicháng shēngqì	Be all on end
11	漠不关心	Mòbù guānxīn	Be indifferent to; apathetic; be unconcerned; care nothing about
12	不关心	Bù guānxīn	Be indifferent to; not concern oneself with
13	国家大事	Guójiā dàshì	National/state affairs; affairs of state
14	是不是	Shì bùshì	Isn't it?; whether... or not
15	慌张	Huāng zhāng	Flurried; flustered; confused; trepidation
16	不紧张	Bù jǐnzhāng	Unstrained; take it easy; take things easy; go easy
17	种菜	Zhòng cài	Grow vegetables
18	闲着	Xiánzhe	Inconsequential move; at a loose

			end
19	青梅	Qīngméi	Green plum
20	梅子	Méi zi	Plum
21	过了一会儿	Guò le yīhuǐ'er	After a while; after a little; a moment later; after a time
22	乌云	Wūyún	Black clouds; dark clouds
23	曹操	Cáocāo	One of the most celebrated figures in the Three Kingdoms period
24	特别喜欢	Tèbié xǐhuān	Favorite
25	世界上	Shìjiè shàng	On earth
26	不知道	Bù zhīdào	A stranger to; have no idea; I don't know; no
27	一个人	Yīgè rén	One
28	豪气	Háoqì	Heroism; heroic spirit
29	一杯酒	Yībēi jiǔ	A glass of wine; wine; drink
30	胸像	Xiōng xiàng	Bust
31	志向	Zhìxiàng	Aspiration; ideal; ambition
32	高远	Gāoyuǎn	Lofty
33	冷汗	Lěnghàn	Cold sweat
34	雷声	Léi shēng	Thunderclap; thunder
35	连忙	Liánmáng	Promptly; immediately; instantly; in a hurry
36	胆量	Dǎnliàng	Courage
37	乖乖	Guāiguāi	Well-behaved; obedient
38	好戏	Hǎo xì	Good play
39	终于	Zhōngyú	At last; in the end; finally; eventually
40	怀疑	Huáiyí	Distrust; doubt; suspect; have a suspicion that
41	手下	Shǒuxià	Under the leadership of; under
42	始终	Shǐzhōng	From beginning to end; from start

			to finish; all along; throughout
43	没办法	Méi bànfǎ	No way out; have no choice but; be unable to find a way out
44	安心	Ānxīn	Feel at ease; be relieved; set one's mind at rest
45	于是	Yúshì	Thereupon; hence; consequently; as a result
46	借口	Jièkǒu	Use as an excuse; on the pretext of

Chinese (中文)

在上一集说到曹操挟天子以令诸侯，利用皇帝的权利向大臣们发布命令，但其实有很多人都是对曹操有意见的，吕布就是其中一个。曹操联合刘备一起除掉了吕布，曹操认为，刘备立了大功，就带她去自己的地盘许昌犒劳他，曹操听说刘备也是皇室的后人，结果一查才知道刘备还是汉献帝的叔叔呢！于是汉献帝很高兴的拜刘备为刘皇叔，还将他封为左将军。曹操立马起了疑心，怀疑小皇帝想和刘备一起对付他。于是曹操想要试探一下有哪些不听话的人。

曹操带汉献帝去捕猎，然后还故意抢走了皇上的弓箭，挡在皇上的面前，接受大臣们的跪拜，这是明摆着欺负皇上啊！大臣们也非常生气，但是都不敢出声。背也非常的生气，甚至都想把曹操打一顿，但是知道自己的实力还不够，所以只能装作漠不关心的样子。但刘备在心里已经下定了主意一定要帮皇上来对付曹操。为为了不让曹操怀疑，故意在自己的院子里种起了地，别假装不关心国家大事。

有一天，曹操就将刘备约了出来，问刘备是不是在家里干什么大事。刘备心里是非常慌张的，但是还是假装镇定的样子，曹操见刘备不紧张，于是就笑了笑，听说你在家里种菜呢。刘备这才松了一口气，说我在家闲着也是闲着，就找点事做。曹操又带着刘备来到了后院，他指着后院的青梅说，今天看着园子里的梅子青青，又刚好煮了酒，所以就找你过来喝一杯青梅酒。刘备这才放下心来，和曹操一起坐下吃饭聊天。过了一会儿就好像要下雨了，有很多的乌云，曹操指着天上一朵特别像龙的乌云，对刘备说，我特别喜欢龙，就这像这世上的英雄一样，你看这世界上哪些人能称得上英雄。刘备不知道曹操在想什么，就说自己没有眼光，不知道哪些人算得上英雄。曹操逼问刘备，刘备只好列举了几个人，可是曹操没有把他们任何一个人放在眼里。

曹操笑了笑，豪气的干了一杯酒，开口说，英雄就是心胸像大海那么宽阔，志向又像天空那么高远。刘备就问曹操，谁能够称得上英雄，曹操说，这世界上就只有你和我了。刘备怀疑，曹操肯定是觉得他有大志向，想跟他争夺天下，想到这里，刘备一下子惊出了冷汗，手中的筷子都掉到了地上。这个时候刚好有雷声，刘备连忙说，这个雷声实在是太大了，吓得我筷子都掉地上了。曹操心想，刘备这么小的胆量，以后肯定会乖乖听我的话了。

刘备演了一出好戏，终于让曹操放弃了对刘备的怀疑，但是觉得在他的手下始终没办法安心，于是找了个借口走了。

Pinyin (拼音)

Zài shàng yī jí shuō dào cáocāo xié tiānzǐ yǐ lìng zhūhóu, lìyòng huángdì de quánlì xiàng dàchénmen fābù mìnglìng, dàn qíshí yǒu hěnduō rén dōu shì duì cáocāo yǒu yìjiàn de, lǚbù jiùshì qízhōng yīgè. Cáocāo liánhé liúbèi yīqǐ chú diàole lǚbù, cáocāo rènwéi, liúbèi lìle dàgōng, jiù dài tā qù zìjǐ dì dìpán xǔchāng kàoláo tā, cáocāo tīng shuō liúbèi yěshì huángshì de hòu rén, jiéguǒ yī chá cái zhīdào liúbèi háishì hàn xiàndì de shūshu ne! Yúshì hàn xiàndì hěn gāoxìng de bài liúbèi wèi liúhuángshū, hái jiāng tā fēng wèi zuǒ jiāngjūn. Cáocāo lìmǎ qǐle yíxīn, huáiyí xiǎo huángdì xiǎng hé liúbèi yīqǐ duìfù tā. Yúshì cáocāo xiǎng yào shìtàn yīxià yǒu nǎxiē bù tīnghuà de rén.

Cáocāo dài hàn xiàndì qù bǔliè, ránhòu hái gùyì qiǎng zǒule huángshàng de gōngjiàn, dǎng zài huángshàng de miànqián, jiēshòu dàchénmen de guìbài, zhè shì míngbǎizhe qīfù huángshàng a! Dàchénmen yě fēicháng shēngqì, dànshì dōu bù gǎn chū shēng. Bèi yě fēicháng de shēngqì, shènzhì dōu xiǎng bǎ cáocāo dǎ yī dùn, dànshì zhīdào zìjǐ de shílì hái bùgòu, suǒyǐ zhǐ néng zhuāng zuò mòbùguānxīn de yàngzi. Dàn liúbèi zài xīnlǐ yǐjīng xiàdìngle zhǔyì yīdìng yào bāng huángshàng lái duìfù cáocāo. Wèi wèi liǎo bù ràng cáocāo huáiyí, gùyì zài zìjǐ de yuànzi lǐ zhǒng qǐle de, bié jiǎzhuāng bù guānxīn guójiā dàshì.

Yǒu yītiān, cáocāo jiù jiāng liúbèi yuēle chūlái, wèn liúbèi shì bùshì zàijiālǐ gànshénme dàshì. Liúbèi xīnlǐ shì fēicháng huāngzhāng de, dànshì háishì jiǎzhuāng zhèndìng de yàngzi, cáocāo jiàn liúbèi bù jǐnzhāng, yúshì jiù xiàole xiào, tīng shuō nǐ zài jiālǐ zhòng cài ne. Liúbèi zhè cái sōngle yī kǒuqì, shuō wǒ zài jiā xiánzhe yěshì xiánzhe, jiù zhǎo diǎn shì zuò. Cáocāo yòu dàizhe liúbèi lái dàole hòuyuàn, tā zhǐzhe hòuyuàn de qīngméi shuō, jīntiān kànzhe yuánzi lǐ de méizi qīngqīng, yòu gānghǎo zhǔle jiǔ, suǒyǐ jiù zhǎo nǐ guòlái hè yībēi qīngméi jiǔ. Liúbèi zhè cái fàngxià xīn lái, hé cáocāo yīqǐ zuò xià chīfàn liáotiān. Guòle yīhuǐ'er jiù hǎoxiàng yào xià yǔle, yǒu hěnduō de wūyún, cáocāo zhǐzhe tiānshàng yī duǒ tèbié xiàng lóng de wūyún, duì liúbèi shuō, wǒ tèbié xǐhuān lóng, jiù zhè xiàng zhè shìshàng de yīngxióng yīyàng, nǐ kàn zhè shìjiè shàng nǎxiē rén néng chēng dé shàng yīngxióng. Liúbèi bù zhīdào cáocāo zài xiǎng shénme, jiù shuō zìjǐ méiyǒu yǎnguāng, bù zhīdào nǎxiē rén suàndé shàng yīngxióng. Cáocāo bīwèn liúbèi, liúbèi zhǐhǎo lièjǔle jǐ gèrén, kěshì cáocāo méiyǒu bǎ tāmen rènhé yīgè rén fàng zài yǎn lǐ.

Cáocāo xiàole xiào, háoqì de gànle yībēi jiǔ, kāikǒu shuō, yīngxióng jiùshì xīnxiōng xiàng dàhǎi nàme kuānkuò, zhìxiàng yòu xiàng tiānkōng nàme gāoyuǎn. Liúbèi jiù wèn cáocāo, shéi nénggòu chēng dé shàng yīngxióng, cáocāo shuō, zhè shìjiè shàng jiù zhǐyǒu nǐ hé wǒle. Liúbèi huáiyí, cáocāo kěndìng shì juédé tā yǒu dà zhìxiàng, xiǎng gēn tā zhēngduó tiānxià, xiǎngdào zhèlǐ, liúbèi yīxià zi jīng chūle lěnghàn, shǒuzhōng de kuàizi dōu diào dàole dìshàng. Zhège shíhòu gānghǎo yǒu léi shēng, liúbèi liánmáng shuō, zhège léi shēng shízài shì tài dàle, xià dé wǒ kuàizi dōu diào dìshàngle. Cáocāo xīn xiǎng, liúbèi zhème xiǎo de dǎnliàng, yǐhòu kěndìng huì guāiguāi tīng wǒ dehuàle.

Liúbèi yǎnle yī chū hǎo xì, zhōngyú ràng cáocāo fàngqìle duì liúbèi de huáiyí, dànshì juédé zài tā de shǒuxià shǐzhōng méi bànfǎ ānxīn, yúshì zhǎole gè jièkǒu zǒule.

RIDING ALONE FOR THOUSANDS OF MILES (千里走单骑)

1	计谋	Jìmóu	Scheme; stratagem; plot
2	曹操	Cáocāo	One of the most celebrated figures in the Three Kingdoms period
3	非常生气	Fēicháng shēngqì	Be all on end
4	攻打	Gōngdǎ	Attack; assault; assail
5	应战	Yìngzhàn	Meet an enemy attack; accept a challenge
6	自己的	Zìjǐ de	Self
7	土山	Tǔshān	Earthen hill
8	忠心	Zhōngxīn	Loyalty; devotion; faithfulness
9	收买	Shōumǎi	Purchase; buy in; buy over; bribe
10	比如说	Bǐrú shuō	For example; For example; say; For instance
11	战败	Zhànbài	Suffer a defeat; be defeated; be vanquished; lose
12	将领	Jiànglǐng	High-ranking military officer; general
13	文丑	Wénchǒu	A kind of comedian in Chinese operas
14	大将	Dàjiàng	Senior general
15	顺理成章	Shùnlǐ chéngzhāng	Follow a logical train of thought; To do something well, you must) follow a rational line; in a clear and ordered pattern; logical
16	无可奈何	Wúkě nàihé	Feel helpless; against one's will; be at the end of one's resources; become unable to do anything

			with
17	一路上	Yī lùshàng	All the way; throughout the journey
18	波折	Bōzhé	Twists and turns; setback
19	去路	Qùlù	The way along which one is going; exit; outlet
20	没想到	Méi xiǎngdào	Have not expected or thought of
21	不注意	Bù zhùyì	Inattention
22	报信	Bàoxìn	Notify; inform; deliver a message; give information
23	劫难	Jiénàn	Calamity; misfortune
24	一群人	Yīqún rén	Company; crowd of people; group of people
25	继续前行	Jìxù qián xíng	Walk on; move on; Keep on moving
26	下一个	Xià yīgè	Next; the next one
27	表面上	Biǎomiàn shàng	Superficial; ostensible; seeming; apparent
28	烧死	Shāo sǐ	Conflagration; death from burning; burn to death
29	好朋友	Hǎo péngyǒu	Good friend; great friend
30	逃跑	Táopǎo	Run away; flee; escape; take flight
31	决斗	Juédòu	A decisive war
32	继续前进	Jìxù qiánjìn	Move on
33	黄河	Huánghé	The Huanghe River; the Yellow River
34	一个回合	Yīgè huíhé	A rally
35	碰面	Pèngmiàn	Meet; encounter
36	从此	Cóngcǐ	From this time on; from now on; from then on; henceforth

| 37 | 名声 | Míngshēng | Reputation; repute; renown |
| 38 | 响亮 | Xiǎngliàng | Loud and clear; resounding; resonant; sonorous |

Chinese (中文)

上一章说，刘备想了一个计谋从曹操那里逃了出来，曹操明白之后非常生气，决定狠狠的教训一下刘备。曹操集结了军队过来攻打刘备，刘备只好应战，到了下，各自失去了联系。关于为了保护自己的两个妻子被曹军围在了一座土山上。但是曹操并没有把关羽杀了，而是把他带到家里做客，曹操非常欣赏勇猛，但是又忠心的人，他想让关羽跟着他做事。

曹操为了收买关羽给他送了特别多的礼物，比如说财宝美女，还把吕布曾经的宝马赤兔送给他，但是关羽除了赤兔马什么都没要。关羽知道曹操对他好，但是他心里只想着他的大哥和三弟，所以他就想着报答曹操之后就去找他的兄弟。这个时候，袁绍过来攻打曹操，曹操都战败了，因为袁绍有很好的将领，颜良和文丑。所以关羽就请求去对付他，果然，关羽就把这两名大将给除掉了。

关于报答的曹操就可以顺理成章的走了，曹操非常想留住关羽，但也无可奈何。曹操虽答应让关羽走，但是一路上还是遇到了很多的波折，有很多的大将还是会去拦住关羽的去路，关羽都一一把他们解决了。最后，关羽终于来到了一个叫做氾水关的地方。关羽以为又要大打一架，没想到将领卞喜早早的就在城门口迎接他了。

但其实这个叫您并不是什么好东西？准备趁关羽不注意杀掉他，但幸好有人给关羽报信，才让他得知真相，于是他一怒之下杀了他。躲过了这场劫难，关于只好带着一群人继续前行。到了下一个地方，王值接待了他，但这个人也只是表面上比较友好，准备半夜里把他烧死，幸好有一个士兵，他的父亲跟关羽是好朋友，所以这个士兵就把真相告诉了关羽，然后就准备逃跑，但是王值还是追了上来，关羽与他决斗之后杀了他。关羽继续前进，到了黄河边上，遇到了秦琪，关羽只用了一个回合，就将他杀死了。最终关于成功和刘备碰面，从此之后，关羽英勇的名声就更加响亮了。

Pinyin (拼音)

Shàng yī zhāng shuō, liúbèi xiǎngle yīgè jìmóu cóng cáocāo nàlǐ táole chūlái, cáocāo míngbái zhīhòu fēicháng shēngqì, juédìng hěn hěn de jiàoxùn yīxià liúbèi. Cáocāo jíjiéle jūnduì guòlái gōngdǎ liúbèi, liúbèi zhǐhǎo yìngzhàn, dàole xià, gèzì shīqùle liánxì. Guānyú wèile bǎohù zìjǐ de liǎng gè qīzi bèi cáojūn wéi zàile yīzuò tǔ shānshàng. Dànshì cáocāo bìng méiyǒu bǎ guānyǔ shāle, ér shì bǎ tā dài dào jiālǐ zuòkè, cáocāo fēicháng xīnshǎng yǒngměng, dànshì yòu zhōngxīn de rén, tā xiǎng ràng guānyǔ gēnzhe tā zuòshì.

Cáocāo wèile shōumǎi guānyǔ gěi tā sòngle tèbié duō de lǐwù, bǐrú shuō cáibǎo měinǚ, hái bǎ lǚbù céngjīng de bǎomǎ chì tù sòng gěi tā, dànshì guānyǔ chúle chì tù mǎ shénme dōu méi yào. Guānyǔ zhīdào cáocāo duì tā hǎo, dànshì tā xīnlǐ zhǐ xiǎngzhe tā de dàgē hé sān dì, suǒyǐ tā jiù xiǎngzhe bàodá cáocāo zhīhòu jiù qù zhǎo tā de xiōngdì. Zhège shíhòu, yuánshào guòlái gōngdǎ cáocāo, cáocāo dōu zhànbàile, yīnwèi yuánshào yǒu hěn hǎo de jiànglǐng, yánliáng hé wénchǒu. Suǒyǐ guānyǔ jiù qǐngqiú qù duìfù tā, guǒrán, guānyǔ jiù bǎ zhè liǎng míng dàjiàng gěi chú diàole.

Guānyú bàodá de cáocāo jiù kěyǐ shùnlǐchéngzhāng de zǒule, cáocāo fēicháng xiǎng liú zhù guānyú, dàn yě wúkěnàihé. Cáocāo suī dāyìng ràng guānyú zǒu, dànshì yī lùshàng háishì yù dàole hěnduō de bōzhé, yǒu hěnduō de dàjiàng háishì huì qù lánzhù guānyú de qùlù, guānyǔ dōu yīyī bǎ tāmen jiějuéle. Zuìhòu, guānyú zhōngyú lái dàole yīgè jiàozuò sì shuǐ guān dì dìfāng. Guānyǔ yǐwéi yòu yào dà dǎ yī jià, méi xiǎngdào jiànglǐng biànxǐ zǎozǎo de jiù zài chéng ménkǒu yíngjiē tāle.

Dàn qíshí zhège jiào nín bìng bùshì shénme hǎo dōngxī? Zhǔnbèi chèn guānyú bù zhùyì shā diào tā, dàn xìnghǎo yǒurén gěi guānyú bàoxìn, cái ràng tā dé zhī zhēnxiàng, yúshì tā yī nù zhī xià shāle tā. Duǒguòle zhè chǎng jiénàn, guānyú zhǐhǎo dàizhe yīqún rén jìxù qián xíng. Dàole xià yīgè dìfāng, wáng zhí jiēdàile tā, dàn zhège rén yě zhǐshì biǎomiàn shàng bǐjiào yǒuhǎo, zhǔnbèi bànyè lǐ bǎ tā shāo sǐ, xìnghǎo yǒu yīgè shìbīng, tā de fùqīn gēn guānyú shì hǎo péngyǒu, suǒyǐ zhège shìbīng jiù bǎ zhēnxiàng gàosùle guānyú, ránhòu jiù zhǔnbèi táopǎo, dànshì wáng zhí háishì zhuīle shànglái, guānyú yǔ tā jué dǒu zhīhòu shāle tā. Guānyú jìxù qiánjìn, dàole huánghé biān shàng, yù dàole qín qí, guānyú zhǐ yòngle yīgè huíhé, jiù jiāng tā shā sǐle. Zuìzhōng guānyú chénggōng hé liúbèi pèngmiàn, cóngcǐ zhīhòu, guānyú yīngyǒng de míngshēng jiù gèngjiā xiǎngliàngle.

www.QuoraChinese.com